Morgens aber,
nachdem er sein Gebet
verrichtet hatte und sich
zur Arbeit setzen wollte,
da standen die beiden Schuhe
ganz fertig auf seinem Tisch.
Der Schuster wußte vor
Verwunderung nicht,
was er sagen sollte. Als er
die Schuhe näher betrachtete,
waren sie auch so sauber
gearbeitet,
daß kein Stich daran
falsch war. Und noch am
selben Tag trat ein Käufer ein,
dem gefielen die Schuhe so gut,
daß er mehr als gewöhnlich dafür bezahlte
und der Schuster von dem Geld Leder
für zwei Paar Schuhe kaufen konnte.

Er schnitt es abends zu für den nächsten Tag, doch wie er morgens an die Arbeit gehen wollte, brauchte er es nicht. Denn als er aufstand, waren die zwei Paar Schuhe fertig, und es blieben auch nicht die Käufer aus, die ihm so viel Geld gaben, daß er für vier Paar Schuhe Leder kaufen konnte. Das schnitt er abends wieder zu und fand am Morgen die Schuhe fertig, und so ging's immer fort. Was er abends zuschnitt, das war am Morgen verarbeitet, und bald war er wieder ein wohlhabender Mann mit einem ehrlichen Auskommen.

Nun geschah es
eines Abends, daß der
Schuster zu seiner Frau sagte:
„Wie wär's, wenn wir heute
nacht aufblieben, um zu sehen,
wer uns so hilfreich zur Hand geht?"
Das war kurz vor Weihnachten.
Die Frau war einverstanden und steckte
ein Licht an, dann verbargen sie sich
in den Stubenecken hinter den Kleidern,
die da aufgehängt waren, und gaben Acht.

Als es Mitternacht war, da kamen zwei kleine, niedliche, nackte Männlein, setzten sich vor des Schusters Tisch, nahmen das zugeschnittene Leder und begannen, mit ihren Fingerlein so geschickt und schnell zu stechen, zu nähen und zu klopfen, daß der Schuster vor Verwunderung die Augen nicht abwenden konnte. Sie ließen nicht nach, bis alle Schuhe fertig waren und auf dem Tisch standen, und das war lange vor dem Morgen. Dann sprangen sie schnell fort.

Am andern Tag sagte die Frau:
„Die kleinen Männer haben uns reich gemacht, dafür müssen wir dankbar sein. Sie dauern mich, daß sie so herumlaufen und nichts am Leib haben und frieren. Weißt du was? Ich will Hemdlein, Rock, Wams und Höslein für sie nähen, auch jedem ein Paar Strümpfe stricken. Mach du jedem ein Paar Schühlein dazu.“
Der Mann sagte ja und war einverstanden. Abends, wie sie alles zusammen hatten, legten sie es statt des zugeschnittenen Leders auf den Tisch und versteckten sich dann, weil sie sehen wollten, wie sich die Männlein wohl anstellen würden.

Um Mitternacht kamen sie beide gelaufen und wollten arbeiten. Als sie aber die Kleider liegen sahen, da freuten sie sich sehr. Mit der größten Geschwindigkeit zogen sie sie an und hüpften, sprangen und tanzten darin, tanzten zur Tür hinaus und blieben von nun an aus. Dem Schuster aber ging es sein Lebtag wohl.